# BEI GRIN MACHT SICH IHR
# WISSEN BEZAHLT

- Wir veröffentlichen Ihre Hausarbeit,
  Bachelor- und Masterarbeit

- Ihr eigenes eBook und Buch -
  weltweit in allen wichtigen Shops

- Verdienen Sie an jedem Verkauf

Jetzt bei www.GRIN.com hochladen
und kostenlos publizieren

**Bibliografische Information der Deutschen Nationalbibliothek:**

Die Deutsche Bibliothek verzeichnet diese Publikation in der Deutschen National-bibliografie; detaillierte bibliografische Daten sind im Internet über http://dnb.d-nb.de/ abrufbar.

Dieses Werk sowie alle darin enthaltenen einzelnen Beiträge und Abbildungen sind urheberrechtlich geschützt. Jede Verwertung, die nicht ausdrücklich vom Urheberrechtsschutz zugelassen ist, bedarf der vorherigen Zustimmung des Verla-ges. Das gilt insbesondere für Vervielfältigungen, Bearbeitungen, Übersetzungen, Mikroverfilmungen, Auswertungen durch Datenbanken und für die Einspeicherung und Verarbeitung in elektronische Systeme. Alle Rechte, auch die des auszugsweisen Nachdrucks, der fotomechanischen Wiedergabe (einschließlich Mikrokopie) sowie der Auswertung durch Datenbanken oder ähnliche Einrichtungen, vorbehalten.

**Impressum:**

Copyright © 2018 GRIN Verlag
Druck und Bindung: Books on Demand GmbH, Norderstedt Germany
ISBN: 9783668895980

**Dieses Buch bei GRIN:**

https://www.grin.com/document/458222

Anonym

# Agiles Projektmanagement und Kanban. Prinzipien, Methodik, Anwendungsbereiche

GRIN Verlag

**GRIN - Your knowledge has value**

Der GRIN Verlag publiziert seit 1998 wissenschaftliche Arbeiten von Studenten, Hochschullehrern und anderen Akademikern als eBook und gedrucktes Buch. Die Verlagswebsite www.grin.com ist die ideale Plattform zur Veröffentlichung von Hausarbeiten, Abschlussarbeiten, wissenschaftlichen Aufsätzen, Dissertationen und Fachbüchern.

**Besuchen Sie uns im Internet:**

http://www.grin.com/

http://www.facebook.com/grincom

http://www.twitter.com/grin_com

FOM Hochschule für Ökonomie und Management

Studienzentrum Bonn

Berufsbegleitender Studiengang der Wirtschaftsinformatik

4. Semester

Seminararbeit im Modul IT-Management

Agiles Projektmanagement am Beispiel von Kanban:

Prinzipien, Methodik, Anwendungsbereiche

# Inhaltsverzeichnis

III

# Abbildungsverzeichnis

# Abkürzungsverzeichnis

WIP        Limit Work in Progress

# 1. Einleitung

Unter dem Begriff des Projektmanagements verbirgt sich mehr als nur eine Arbeitstechnik. Es umfasst zum einen Planung, Methoden und Werkzeuge, agiert in einem komplexen Projektumfeld und bezieht zum anderen verschiedenste Interessengruppen mit ein. In den letzten Jahrzehnten erfuhr es einem stetigen Weiterentwicklungsprozess, um sich an neue Gegebenheiten und Arbeitsweisen anzupassen.[1]

Man unterscheidet in diesem Zusammenhang zwischen strategischem und agilem Projektmanagement. Das agile Vorgehen entwickelte sich vor allem durch Zunahme neuer Einflüsse auf das Projektgeschehen,[2] auf welche durch situationsbezogenes Arbeiten und Flexibilität reagiert werden soll. Es verzichtet auf feste Standards sowie detaillierte Planungen und konzentriert sich auf die projektinterne Kultur. Dabei stehen Werte wie Transparenz und Kommunikation im Vordergrund. Durch diese Vorgehensweise soll dem klassischen, starren Projektmanagement entgegengewirkt werden.[3]

In dieser Hinsicht stellt sich die Frage, inwieweit agiles Projektmanagement in der Lage ist, das klassische altbewährte Vorgehen abzulösen und Projekte auf den unterschiedlichsten Ebenen erfolgreich umzusetzen. Ist es allgemein die bessere Alternative oder muss diesbezüglich noch situationsabhängig entschieden werden?

In den folgenden Kapiteln wird zunächst auf das agile Projektmanagement im Allgemeinen eingegangen und dessen grundlegenden Prinzipien erläutert. Anschließend wird das Vorgehensmodell Kanban, bezogen auf die Softwareentwicklung, in seinen Grundsätzen und seiner Arbeitsweise beleuchtet sowie mögliche weitere Anwendungsbereiche aufgezeigt und anhand eines Fallbeispiels die praktische Umsetzung dargestellt. Diesbezüglich werden die Erfolgsaussichten bei Anwendung dieser agilen Methodik in Bezug auf die Fragestellung betrachtet und zudem mit der klassischen verglichen. Schließlich wird die zentrale Fragestellung diskutiert und ein Ausblick gegeben.

---

[1] Vgl. Meyerbröker, P. et al. (2011), Seite 4.
[2] Vgl. Kuster, J. (2011), Seite 35.
[3] Vgl. Ahlemann, F., Eckl, C. (2013), Seite 4.

## 2. Agiles Projektmanagement

Das agile Projektmanagement entstand Ende des 20. Jahrhunderts aufgrund von auftretenden Problematiken innerhalb des bis dahin verfolgtem traditionellen Vorgehens.[4] Die Motivation zu dieser neuen Herangehensweise stammt aus dem Bereich der Softwareentwicklung, in welcher sich umfangreiche Planung und Steuerung von Projekten durch wechselnde Anforderungen als impraktikabel herausstellte und eine flexiblere Methodik gewünscht wurde, um die Arbeit zwischen der Entwicklung und dem Auftraggeber zu erleichtern.[5] [6]

Allgemein gesehen muss sich heutzutage aber auch im grundsätzlichen Projektumfeld aufgrund in- und externer Entwicklungen verstärkt mit schnelllebigen Gegebenheiten und unterschiedlichen Einflüssen beschäftigt werden, bei welchen das traditionelle Projektmanagement oftmals an seine Grenzen stößt oder einer erfolgreichen Projektumsetzung im Wege steht. Hierzu zählen zum einen die Informationszunahme der letzten Jahre sowie die allgemeine Komplexität verschiedenster Projekteinflüsse.[7]

Das klassische Projektmanagement kann mit seiner starren Methodik nur schlecht auf unvorhergesehene Veränderungen im Projekt reagieren und diese auch nicht in die Projektarbeit einbinden, wie es mit der agilen Methodik möglich ist. Diese sieht Veränderungen als einen Teil des Projektes an und kann durch seine iterative Vorgehensweise schnell und flexibel auf neue Anforderungen und nötige Anpassungen reagieren.[8] Des Weiteren unterscheiden sich agile Projektmethoden durch ihre leichtgewichtige Art von den traditionellen Herangehensweisen. Sie sind weniger präskriptiv und lassen den Projektmitarbeitern mehr Handlungsspielraum offen sowie die Wahl, eigene Optionen treffen zu können.[9]

Die grundlegenden Prinzipien der agilen Projektarbeit sind in dem Agilen Manifest zusammengefasst. Bezogen wird sich im Speziellen auf die agile Softwareentwicklung, dennoch können die Richtlinien auch auf das Projektmanagement im Allgemeinen angewandt werden.[10]

---

[4] Vgl. Meyerbröker, P. et al. (2011), Seite 4f.
[5] Vgl. Wolf, H., Bleek, W.-G. (2011) , Seite 14f.
[6] Vgl. Cockburn, A. (2003), Seite 289f.
[7] Vgl. Kuster, J. (2011), Seite 35.
[8] Vgl. Meyerbröker, P. et al. (2011), Seite 4f.
[9] Vgl. Kniberg, H., Skarin, M. (2010), Seite 9.
[10] Vgl. Beck, K. et al. (2001).

## 2.1.   Das Agile Manifest

Bei dem Agilen Manifest handelt es sich um grundlegende Leitsätze und Prinzipien agiler Softwareentwicklung. Verabschiedet wurde es im Jahre 2001 von insgesamt 17 Vertretern des agilen Projektmanagements auf diesem Gebiet. Es verfolgt das Ziel, zentrale Richtsätze und Werte vorzulegen, um die Entwicklung von Software und den miteinhergehenden Prozess erfolgreicher zu machen. In den folgenden Unterkapiteln werden diese zum generellen Verständnis des agilen Projektmanagements herangezogen und allgemein betrachtet.[11]

### 2.1.1.  Leitsätze

Die Basis bilden vier bündige Leitsätze, nach welchen sich agile Softwareentwicklung richten soll. Sie werden in der folgenden Abbildung auf ihre Kernaussagen reduziert und in Stichworten dargestellt. Bei der Betrachtung ist zu berücksichtigen, dass alle aufgefassten Punkte Teil der agilen Projektarbeit sind, jedoch durch die unterschiedliche Hervorhebung eine Wertung zwischen den einzelnen Pendants getroffen wird. In dieser Hinsicht haben fettgeschriebene Aspekte eine höhere Priorität als die ihnen untergeordneten.[12]

---

[11] Vgl. Beck, K. et al. (2001).
[12] Vgl. Beck, K. et al. (2001).

Quelle: Eigene Abbildung nach: Beck, K. et al. (2001).

**Abbildung 1: Leitsätze des Agilen Manifests**

Allgemein fällt auf, dass diese Grundsätze vor allem die Akteure und deren Kommunikation untereinander in den Vordergrund stellen. Des Weiteren betonen die Vertreter der agilen Softwareentwicklung in den Gesichtspunkten die Priorität des entstehenden Produktes, welches besseren Aufschluss auf die Leistung der Teamarbeit gibt, als eine zeitaufwendige Dokumentation dazu in der Lage ist. Auf ähnlicher Ebene befindet sich die Befolgung des Projektplans. Sie ist unter dem vierten Punkt aufgefasst und ist dem Leitfaden nach zwar vonnöten, soll aber nur zur groben Orientierung dienen, damit auf Veränderungen reagiert werden kann und die Arbeit flexibel anpassbar bleibt.[13]

### 2.1.2. Prinzipien

Neben den Leitsätzen wurde sich im Rahmen des agilen Manifests auf zwölf konkrete Prinzipien geeinigt, die der agilen Softwareentwicklung zu Grunde liegen. Diese lauten kurzgefasst:[14]

   1. Höchste Priorität trägt die kontinuierliche und frühestmögliche Auslieferung hochwertiger Software.

---

[13] Vgl. Beck, K. et al. (2001).
[14] Vgl. Beck, K. et al. (2001).

2. Veränderungen in den Anforderungen sind erwünscht, da diese zum Wettbewerbsvorteils beitragen.

3. Auslieferung von Software soll regelmäßig in kurzen Zeitspannen erfolgen.

4. Zusammenarbeit von Fachexperten und Entwicklern wird fokussiert.

5. Verantwortungsübergabe und Unterstützung aller Teammitglieder bildet die Basis für den Projekterfolg.

6. Persönliche Gespräche stärken die Informationsübermittlung.

7. Maßgebend für den Projektfortschritt ist die funktionierende Software.

8. Eine kontinuierliche Arbeitsgeschwindigkeit unterstützt einen nachhaltigen Entwicklungsprozess.

9. Berücksichtigung von Design sowie technischen Aspekten fördert die Agilität.

10. Einfachheit von Prozessen hat Priorität.

11. Selbstorganisation der Teams führt zu den besten Ergebnissen.

12. Regelmäßige Reflektion der Teamarbeit und eine agile Einstellung gegenüber Verbesserungspotenzial fördert die Effektivität.

Insgesamt stehen vor allem die Projektinitiatoren im Vordergrund. In dieser Hinsicht wird die Notwendigkeit von Selbstorganisationsfähigkeit, Interaktionen und Zusammenarbeit innerhalb des Teams deutlich sowie ständige Kommunikation und Austausch mit dem Kunden. Zusätzlich werden aber auch Faktoren aufgezählt, welche grundsätzlich nötig sind, um ein technisch effizientes Arbeiten zu ermöglichen. Diese Gesamtheit an harten und weichen Faktoren umfassen verschiedene Projektbereiche und stehen in ihrer Simplizität für ein erfolgreiches Projektmanagement nach dem agilen Prinzip.[15]

---

[15] Vgl. Trepper, T. (2012), Seite 71f.

## 3. Einführung in Kanban

Seitdem sich verstärkt auf agiles Projektmanagement konzentriert wird, haben sich zahlreiche Anwendungsmethoden entwickelt, die auf unterschiedliche Weise die allgemeine Attention dieser Herangehensweise vertreten. Generell entstanden die meisten Modelle bereits vor Verabschiedung des in Kapitel 2.1 vorgestellten Agilen Manifestes, sie folgen dennoch alle den zu Grunde liegenden Prinzipien und Richtsätzen. Charakteristisch sind Unterschiede in den einzelnen Vorgehensweisen und verwendeten Techniken.[16]

Eine der bekanntesten Vorgehensmodelle im Bereich des agilen Projektmanagements nennt sich Kanban. Diese Methodik wurde in der Branche der Automobilindustrie entwickelt, mit dem Ziel, die Produktion auf der Basis eines minimalen Lagerbestandes in ihrer Flexibilität und ihrem Prozessfluss zu optimieren, ohne die Qualität des Produktes negativ zu beeinflussen.[17]

Des Weiteren strebt sie ein gleichmäßiges Arbeitstempo an, um es zu ermöglichen, folgende Teilprozesse sowie das Erreichen von wertschöpfenden Ergebnissen zeitlich vorhersagen zu können.[18] Die Wertschöpfungskette bildet in diesem Zusammenhang das zu fokussierende Zentrum und den Bezugsgegenstand des andauernden Optimierungsprozesses. Dies wird durch iteratives Vorgehen und das Limitieren von parallel ablaufenden Teilaufgaben umgesetzt[19] sowie durch Arbeiten nach dem Pull-Prinzip. Dieses Prinzip sorgt dafür, dass sich nicht an geplanten Vorgaben orientiert wird, sondern die Produktion in erster Linie durch die Nachfrage gesteuert wird.[20]

Außerdem charakterisiert sich diese Methode durch eine Visualisierung der einzelnen Prozesse, welche zu Transparenz und Überblick führt und den gleichmäßigen Arbeitsfluss im Projekt unterstützt.[21]

Die agile Softwareentwicklung adaptiert diese Idee per Kanban, indem sie sich auf nachfolgend genannte Prinzipien stützt:[22]

1. Vermeidung von Verschwendung durch Steigerung der Produktivität und Verzicht auf Arbeiten, welche keinen Mehrwert für den Kunden leisten.

---

[16] Vgl. Pröpper, N. (2012) , Seite 45.
[17] Vgl. Pröpper, N. (2012), Seite 45ff.
[18] Vgl. Epping, T. (2011), Seite 23ff.
[19] Vgl. Pröpper, N. (2012), Seite 45ff.
[20] Vgl. Schulte, G. (2001), Seite 324.
[21] Vgl. Pröpper, N. (2012), Seite 58.
[22] Vgl. Baumgartner, M. et al. (2017), Seite 34.

2. Unterstützung des Lernfortschritts durch Feedback-Schleifen und einem hohen Abstimmungsgrad mit dem Kunden.

3. Spätes Treffen von Entscheidungen, indem zunächst mögliche Optionen offengehalten werden, bis alle nötigen Informationen vorliegen.

4. Frühestmögliche Auslieferung von Software.

5. Verantwortungsübergabe zur Steigerung der Zusammenarbeit und Selbstorganisation.

6. Sicherstellung von Softwareintegrität durch automatisierte Testverfahren und regelmäßigem Abgleich mit den Kundenanforderungen.

7. Überblick über die Gesamtheit behalten, indem alle Einflussfaktoren durch Monitoring und Controlling während des Projektverlaufs beobachtet und gesteuert werden.

Zum einen beziehen sich diese Punkte auf eine zusammenwirkende Projektarbeit im Team und eine kooperierende Beziehung zum Kunden, des Weiteren spiegeln sie einige Prinzipien des agilen Manifests wider.[23]

In den folgenden Kapiteln soll die Kanban Methode bezogen auf IT-Organisationen näher erläutert werden. Zunächst wird eine Einführung in die Entwicklung und die Zielsetzung von Kanban gegeben und des Weiteren die zu Grunde liegenden Prinzipien beleuchtet, nach denen sich die Vorgehensweise des Modells richtet.

## 3.1. Methodik

Die allgemeine Arbeitsweise nach Kanban wird schon durch den namensgebenden Begriff deutlich. Das Wort „Kanban" stammt aus dem japanischen und setzt sich aus den Teilbegriffen „Kann", welcher im übertragenen Sinne „Signal" ausdrückt sowie „ban", welcher mit dem Begriff „Karte" übersetzt werden kann, zusammen. Diese beiden Ausdrücke fassen die Vorgehensweise recht gut zusammen, da sich diese durch die Verwendung einfacher Mittel definiert, wie beispielsweise der Kanban-Karte sowie dem Kanban-Board, welche vor allem in der Software-Entwicklung zum Einsatz kommen. Diese Mittel dienen dazu, einzelne Teilprozesse visuell abzubilden und im Bedarfsfall per Signal Aufmerksamkeit zu erwecken, falls die Projektarbeit einen bestimmten Teilabschnitt in der gesetzten Zeit nicht erreicht oder dieser in Gefahr steht, nicht abgeschlossen werden zu können.[24]

[23] Vgl. Burrows, M., Hohmann, L. (2014), Seite 130.
[24] Vgl. Epping, T. (2011), Seite 23ff.

Zudem ist das Kanban-Board für die Projektakteure ein wichtiges Instrument, um den Projektverlauf zu steuern und den aktuellen Status zu überblicken. Es sammelt alle Arbeitspakte, stellt sie in einer logischen Reihenfolge dar und gibt auch Auskunft über den Zustand ihrer Bearbeitung. Die folgende schematische Abbildung zeigt eine mögliche praktische Umsetzung des Kanban-Boards und soll dazu dienen, die nachfolgend beschriebenen Charakteristiken und das Vorgehen innerhalb der Methode besser nachvollziehen zu können.[25]

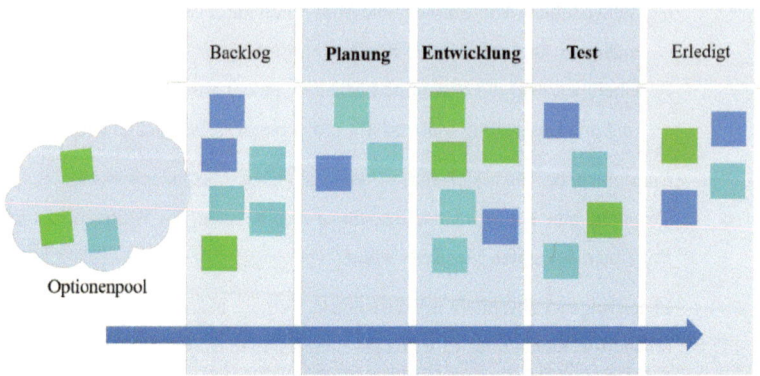

Quelle: Eigene Abbildung nach: Leopold, K. (2016), Seite 38.

**Abbildung 2: Beispielhafter Aufbau und Funktionsweise eines Kanban-Boards**

Das Kanban Vorgehensmodell kann nach Kniberg und Skarin in drei für diese Methode wesentliche Aspekte untergliedert werden. Bei diesen handelt es sich um das Einteilen der Gesamtanforderungen und Limitieren der Aufgaben, die Visualisierung des Workflows und dem Bereich des Monitorings zur stetigen Verbesserung und Steuerung des Prozessflusses.[26] Diese drei Hauptcharakteristiken werden in den nächsten Unterkapiteln näher betrachtet.

---

[25] Vgl. Pröpper, N. (2012), Seite 123f.
[26] Vgl. Kniberg, H., Skarin, M. (2010), Seite 4f.

### 3.1.1. Limitierte Mengen

Kanban definiert sich durch das Einschränken von Projekteinheiten und zu erledigenden Arbeiten. Zunächst ist es wichtig, die einzelnen Arbeitsgruppen des Projektteams zu definieren und ihre Gesamtanzahl festzulegen. Bei einem Software-Projekt kann es sich bei einer Projekteinheit beispielsweise um die Entwicklung oder die Implementierung handeln.[27]

Des Weiteren werden die Prozesse des Projektes in Unteraufgaben eingeteilt und in ihrer zahlenmäßigen Ausführung limitiert. In diesem Zusammenhang wird sich auf einen Grenzwert geeinigt, welcher vorgibt, wie viele Aufgaben maximal parallel in der aktuellen Wertschöpfungsphase abgearbeitet werden dürfen. Diese Zahl nennt sich „Limit Work in Progress" (WIP) und soll Überlastung vermeiden sowie ein gleichmäßiges Arbeitstempo unterstützen.[28]

Außerdem wird in der Kanban Methode nach dem Pull-Prinzip verfahren, welches den Grundsatz vertritt, dass neue Aufgaben immer von ihrer folgenden Projektphase aktiv genommen werden müssen. Festgelegt durch den WIP-Betrag können somit Aufgaben erst in die nächste Phase übergehen soweit diese Phase bereit dazu ist und die nötigen Ressourcen zur Bearbeitung hat.[29]

### 3.1.2. Visualisierung

Die Visualisierung von Kanban findet in IT-Organisationen hauptsächlich durch das Kanban-Board statt. Auf diesem werden die vorher definierten Arbeitsgruppen durch Spalten dargestellt, wobei der Name der jeweiligen Einheit zugleich Namensgeber für die Spalte ist.[30]

Zudem werden alle dedizierten Teilaufgaben auf sogenannten Kanban-Karten festgehalten. Diese werden im ersten Schritt zunächst im Backlog auf dem Kanban-Board gesammelt, um im späteren Projektverlauf ihrer jeweiligen Einheit bzw. Spalte zugeordnet zu werden.[31]

---

[27] Vgl. Kniberg, H., Skarin, M. (2010), Seite 4f.
[28] Vgl. Kniberg, H., Skarin, M. (2010), Seite 4ff.
[29] Vgl. Epping, T. (2011), Seite 54.
[30] Vgl. Leopold, K. (2016), Seite 38.
[31] Vgl. Pröpper, N. (2012), Seite 124.

Das Backlog umfasst folglich alle Projektanforderungen und dient zur späteren Planung der einzelnen Projektphasen. Es ist nicht in sich geschlossen, sondern kann zum Beispiel durch Eintreffen neue Kundenanforderungen flexibel aktualisiert werden.[32]

Des Weiteren können optionale Aufgaben in einem sogenannten Optionenpool angeordnet werden, welcher zum Sammeln von Ideen und Wünschen während des Projektverlaufs dient. Durch diese Anordnung ergibt sich im Ganzen eine dynamische Visualisierung des gesamten Workflows.[33]

### 3.1.3. Controlling & Monitoring

Das Monitoring umfasst zum einen das Messen der Vorlaufzeit. Dieser Punkt reicht schon in den Projektverlauf hinein, da die Zeit bis zur Fertigstellung einer Teilaufgabe gemessen wird und des Weiteren auf diesen Messungen basierend, die durchschnittliche Zeit zur Vollendung einer Aufgabe errechnet wird. Diese Methodik verfolgt das Ziel, durch Beobachtung und Kontrolle den laufenden Prozess zu optimieren, indem bestrebt wird, die errechnete Vorlaufzeit das Projekt über so niedrig wie möglich zu halten. Zudem dient die durchschnittliche Vorlaufzeit für nachfolgend abzuhandelnde Aufgaben als Zeitvorhersage, sodass es möglich ist, Aussagen über den zeitlichen Ablauf des Projekts zu tätigen.[34] Auch das Messen der Fehlerquoten und des Durchsatzes zählt zum Monitoring und dient dem kontinuierlichen Verbesserungsprozess.[35]

### 3.2. Prozess

Das Projekt erstreckt sich auf mehrere Phasen, da die gebildeten Arbeitspakete durch den festgelegten WIP-Betrag nur begrenzt parallel ablaufen können. Zu Beginn jeder Phase wird die vereinbarte Menge an Teilaufgaben, welche als Nächstes zu erledigen sind, ihren zugehörigen Einheiten auf dem Kanban-Board beigeordnet. Nach Abschluss einer Phase werden die Karten fertiggestellter Anforderungen in eine dafür vorgesehene Spalte verschoben.[36] Diese ist in der Abbildung aus Kapitel 3.1 rechts dargestellt und trägt die Bezeichnung „Erledigt". Sie dient zum Überblick über die vollendeten Teilaufgaben und den Status der Wertgenerierung im Projekt. Nicht abgenommene Anforderungen wandern

---

[32] Vgl. Tolnai, E., Auth, G. (2016), Seite 39.
[33] Vgl. Kniberg, H., Skarin, M. (2010), Seite 4f.
[34] Vgl. Kniberg, H., Skarin, M. (2010), Seite 4f.
[35] Vgl. Epping, T. (2011), Seite 54ff.
[36] Vgl. Pröpper, N. (2012), Seite 123f.

zurück ins Backlog. Dieses dient des Weiteren zur Übersicht über die noch zu erledigenden Anforderungen und der Bestimmung des zukünftigen Verlaufes.[37]

Im nächsten Schritt betrachtet und diskutiert man den aktuellen Fertigstellungsgrad und bestimmt Kennzahlen, wie die Vorlaufzeiten. Ist dies abgeschlossen, kann mit der nächsten Projektphase in gleicher Weise begonnen werden. So ergibt sich ein kontinuierlicher Arbeitsfluss mit Prozessorientierung und einer ständigen Optimierung.[38]

---

[37] Vgl. Tolnai, E., Auth, G. (2016), Seite 39.
[38] Vgl. Pröpper, N. (2012), Seite 124.

## 4. Erfolg mit Kanban

In diesem Kapitel werden mögliche Anwendungsbereiche für die Kanban Methodik beleuchtet und nötige Voraussetzungen genannt, um Kanban erfolgreich einzuführen. Das beschriebene Fallbeispiel des Unternehmens Computest dient als Beispiel einer erfolgreichen Umsetzung von Kanban bezogen auf eine interne Unternehmensumstrukturierung. Zudem sollen weitere Erfolgspotentiale deutlich gemacht werden sowie mögliche Nachteile oder Umsetzungshürden dieses Vorgehensmodelles aufgezeigt werden.

### 4.1. Anwendungsbereiche

Kanban lässt sich branchenweit leicht in verschiedenen Organisationen und deren internen Funktionen integrieren. Dies liegt vor allem in der umgekehrten Gestaltung der Prozesse, welche sich entgegen dem abgelösten Push-Prinzip nach dem Pull-Prinzip auf die Kundenbedürfnisse ausrichten. Gute Voraussetzungen für eine Einführung von Kanban sind ein stetiger Materialfluss sowie ein gleichmäßiges Fertigungs- bzw. Arbeitstempo. In der Produktion trifft dies vor allem Auf Massen- oder Serienfertigung zu. Aber auch Branchen wie die System-Gastronomie schöpfen Vorteile aus Kanban.[39]

Daher konnte sich die Methode mittlerweile schon in vielen Sparten etablieren. Sie lässt sich universell anwenden und integriert sich gut in laufende Prozesse. Dies macht sie vor allem für Einsteiger interessant, da die iterative Vorgehensweise ermöglicht, Prozesse zunächst nur zum Teil mit Kanban zu realisieren. Des Weiteren müssen Prozesse nicht an die Methodik angepasst werden, da die Methode nicht verlangt, Arbeitsschritte auf ein bestimmtes Zeitlimit oder ähnliches zu begrenzen.[40]

Komplexe Prozesse lassen sich zudem in regelmäßige Regelkreise umwandeln, welches die Steuerung dieser vereinfacht. Auch das Projektteam lässt sich häufig leicht mit der Kanban Methodik vereinen, da viele Unternehmensorganisationen bereits aus nach Funktionen zusammengeschlossenen Teams bestehen. Andere Modelle, wie beispielsweise Scrum basieren hingegen auf sogenannten Rollen, welche zunächst einzelnen Teammitgliedern zugeordnet werden müssen.[41] Dies führt zu einem höheren Einführungsaufwand.[42]

---

[39] Vgl. Wildemann, Horst (2006).
[40] Vgl. Pröpper, N. (2012), Seite 58.
[41] Vgl. Kniberg, H., Skarin, M. (2010), Seite 11.
[42] Vgl. Winter, D. et al. (2013), Seite 220.

Auf der anderen Seite müssen Mitarbeiter jedoch offen für stetige Weiterentwicklungen sein und eine hohe Motivation bezüglich Prozessverbesserungen haben, da diese ein wesentlicher Bestandteil der Kanban Vorgehensweise sind.[43]

## 4.2. Fallbeispiel Computest

Das niederländische Unternehmen Computest setzte sich zu Anfang des Jahres 2016 aufgrund rasch steigender Mitarbeiterzahlen die Mission, das eigene Unternehmensmodell neu zu strukturieren und sich in Richtung Selbstorganisation zu orientieren. In dieser Hinsicht wurden Rollen und Verantwortlichkeiten neu ausgerichtet und Kanban etabliert. Hauptsächliche Ziele waren neben der Wachstumsbewältigung die Bewahrung der Unternehmenskultur und eine stärkere Ausrichtung auf den Markt sowie den Kunden.[44]

Computest ist auf Leistungstests, Sicherheitstests und Testautomatisierung spezialisiert und beschäftigte im Jahr 2017 rund 120 Mitarbeiter. Die Unternehmensorganisation teilt sich seit der Umstrukturierung in funktional ergänzende Teams auf, welche flexibel skalierbar sind. Durch Übergabe von Selbstverantwortung an alle Mitarbeiter wird Führung als Dienstleistung betrachtet anstelle von strikter Hierarchie.[45]

### 4.2.1. Agile Transformation anhand Kanban

Dem Kanban-Prinzip „Starte mit dem, was du jetzt machst" nach, wurde im ersten Schritt die traditionelle Matrixorganisation neu strukturiert. Man konzentrierte sich auf die Bildung von zentral angesiedelter multidisziplinärer Teams, welche sich auf einzelne Marktsegmente ausrichten und durch die zwei Einheiten „Captains" und „Coaches" unterstützt werden. Erstere sind für operative und soziale Führung zuständig, wo hingegen letztere die Teams mit einer breiten Vielfalt an Fachwissen und Impulsen unterstützen und zur Lösungsfindung beitragen.[46]

Diese Vorgehensweise förderte die gewünschte Skalierung und Struktur, führte jedoch zu Unsicherheiten bezüglich der Träger der Führungsverantwortung und der Übergabe unternehmensweiter Aufgaben. Diesbezüglich wurde sich an Unterstützung durch externer

---

[43] Vgl. Wildemann, Horst (2006).
[44] Vgl. InfoQ (2017).
[45] Vgl. InfoQ (2017).
[46] Vgl. Leopold, K., Kaltenecker, S. (2018), Seite 294f.

Hilfe bedient, um das eigene interne soziale System besser zu verstehen, die Kultur zu fördern und vor allem durch internes Training kontinuierliche Verbesserung zu erzielen.[47]

Ein nächster Schritt bestand in der Visualisierung des Wertschöpfungsprozesses und der Unternehmensstrategie. In dieser Hinsicht setzte Computest auf das Instrument des Kanban-Boards. Dieses unterteilt sich unter anderem in die Einheiten „Ideen", „Entwicklung", „Feedback" sowie „Übergabe" und visualisiert so den strategischen Entwicklungsprozess im Unternehmen. In den jeweiligen Spalten wurde festgehalten, welche Arbeiten aktuell ausgeführt werden und wie viele Aufgaben parallel ablaufen. In dieser Hinsicht wurde nach dem Prinzip der limitierten Mengen verfahren, sodass laufende Arbeiten in ihrer Gesamtheit je Einheit begrenzt sind und nach dem Pull-Prinzip neue abgearbeitet werden. Zudem werden in- und externe Verbesserungsvorschläge festgehalten. Auf den Kanban-Karten kann eingesehen werden, welcher Mitarbeiter an welchem Ticket arbeitet, welche Arbeit blockiert ist und zudem auf welche Tickets sich besonders konzentriert werden muss, damit der Entwicklungsprozess in seiner Kontinuität nicht ins Stocken gerät. Dieses Board wurde in der Kantine platziert, welche einen zentralen Ort bei Computest bildet, sodass jeder Mitarbeiter an dem Projekt teilhaben kann.[48]

Zudem wurden Mitarbeiter festen Rollen und Zuständigkeiten zugeordnet, welche sich in den Wertschöpfungsprozess eingliedern. Dies verfolgte das Ziel, jedem Individuum eine Aufgabe im Unternehmen zuzuteilen und ihnen transparent zu machen, welchen Beitrag sie zum Gesamterfolg leisten. Insgesamt gibt es bei der Computest drei mögliche Rollen. Zum einen die „Interdisciplinary team", deren zugeordnete Mitarbeiter je Team einen speziellen Branchenschwerpunkt besitzen und die direkte Marktbeziehung darstellen. Diese Rolle benötigt an Fachwissen bezogen auf die zugeteilte Kundensparte, welches sich im Prozess stetig verbessern soll. Ein weiterer Verantwortungsbereich ist der „Multiple team services (MTS)". Diese Rolle zeichnet sich durch besondere Fachkenntnis aus, welche die interdisziplinären Teams bei Bedarf unterstützen soll. Sie können sich mehreren Teams widmen. Die dritte Rolle nennt sich „Company wide services (CWS)". Mitarbeiter, die diese tragen, sind dafür zuständig, unternehmensweite Aufgaben zu erfüllen

[47] Vgl, InfoQ (2017).
[48] Vgl. InfoQ (2017).

und sind somit keinem Team beigeordnet. Sie haben Aufgaben wie die strategische Weiterentwicklung des Wertschöpfungsprozesses und die interne Weiterbildung der einzelnen Teams durch soziale Kompetenzen.[49]

## 4.2.2. Erfahrungen und Ausblick

Rückblickend ist Computest noch nicht vollends am Ziel angekommen. Sie haben jedoch schon einigen Erfolg durch Kanban verzeichnen können und sehen sich auf einem guten Weg, sich zu einem agilen Unternehmen zu entwickeln.[50]

Auf der einen Seite konnten sie ihre Organisation erfolgreich umstrukturieren. Durch den höheren Grad an übergebener Mitarbeiterverantwortung verspricht sich das Unternehmen volles Ausschöpfen des individuellen Potenzials. Selbstorganisation ist der grundlegende Treiber für die Agilität des Unternehmens und stellt für Computest einen wichtigen Wettbewerbsvorteil dar. Des Weiteren sieht es sich durch die Umstrukturierung näher am Kunden und in der Handlungsweise agiler bezüglich neuen Anforderungen und Wünschen. Dies soll Entwicklungszeiten verkürzen und zu schnelleren Prozessen führen. Die Verbesserung des Modells verfolgt keinen direkten mehrwertgenerierenden Zweck, hat aber einen starken Einfluss auf den Wertschöpfungsprozess und die Nähe zum Kunden, was für das Unternehmen einen zentralen Erfolgsfaktor bildet.[51] Durch den umstrukturierten Organisationsaufbau wurden marktnahe Teams geschaffen, welche kundenbezogenes Fachwissen besitzen. Dies führte schon in kurzer Zeit zu messbaren Erfolgen.[52]

Durch die Visualisierung anhand des Kanban-Boards kann sich jeder einzelne Mitarbeiter in den Wertschöpfungsprozess einordnen und sieht seine direkte und indirekte Einflussnahme auf das Ergebnis. Diese Transparenz bindet alle Individuen mit ein und fördert die Verantwortungsübergabe und Selbstorganisation. Außerdem dient es als gute Basis für Meetings, da es sämtliche Informationen abbildet und dynamisch erweiterbar ist. Außerdem bildet es zu jeder Zeit den aktuellen Stand ab, sodass Überblick über die Situation im Unternehmen herrscht sowie über den Status der Wertschöpfungskette. Dies ist nach dem Kanban-Prinzip von hoher Relevanz, da Verbesserung nur dort stattfinden kann, wo

---

[49] Vgl. InfoQ (2017).
[50] Vgl. InfoQ (2017).
[51] Vgl. InfoQ (2017).
[52] Vgl. Leopold, K., Kaltenecker, S. (2018), Seite 295.

auch Einsicht darüber besteht, auf welchem Stand sich das Unternehmen aktuell befindet.[53]

Computest setzt Kanban auch in der Zukunft ein und versucht alle gelernten Lektionen stetig anzuwenden und in den kontinuierlichen Verbesserungsprozess miteinzubeziehen sowie dauerhaft Neues dazuzulernen. Man verfährt in dieser Hinsicht nach einer retroperspektivischen Strategie, da auf eigene Erfahrungen zurückgegriffen wird und auch Unterstützung von Experten miteingebunden werden sollen. Außerdem soll die Struktur so klar wie möglich gehalten werden und festgelegte Grundprinzipien regelmäßig geprüft werden, sodass unternehmensweit vom Verbesserungsprozess profitiert werden kann. Bezüglich Kanban will das Unternehmen dieses Vorgehensmodell auch für den operationellen Wertstrom einsetzen, um die Arbeiten in den jeweiligen Teams zu unterstützen. Außerdem sollen die Mitarbeiter verstärkt in das gesamte Management mit eingebunden werden. Computest appelliert an andere Unternehmen, die eine ähnliche Selbstorganisation anstreben, sich vor allem mit anderen Firmen auszutauschen. Auf diese Weise lernt man voneinander und kann sich zu verschiedenen Praktiken austauschen. Allgemein muss sich auch zukünftig immer auf die Frage fokussiert werden, wie sich am besten für die richtigen strategischen Initiativen entschieden werden kann.[54]

## 4.3. Zusammenfassung

Agiles Projektmanagement definiert sich grundsätzlich durch eine starke Projektkultur und lösungsorientierte selbstorganisierte Teams. Kommunikation und Verantwortungsübergabe steigern den Wissenstransfer im Projekt und fördern den kontinuierlichen Verbesserungsprozess. Der Wertschöpfungsprozess wird messbar und transparent, sodass alle Projektinitiatoren mit eingebunden werden.[55] Dies zeigt vor allem das beleuchtete Fallbeispiel.

Kanban verspricht des Weiteren aber auch Erfolg bezogen auf die Steigerung der Produktionsgeschwindigkeiten und die flexible Anpassungsfähigkeit an den Projektverlauf. So kann der Kunde stärker in den Fokus gesetzt werden und auf stetig steigende Erwartungen seinerseits erfolgreich reagiert werden.[56]

---

[53] Vgl. InfoQ (2017).
[54] Vgl. InfoQ (2017).
[55] Vgl. Hilmer, S., Krieg, A. (2014), Seite 47ff.
[56] Vgl. Unbekannt (2014).

In dieser Hinsicht ist auch die Visualisierung des projektbegleitenden Workflows von Vorteil, welche vor allem durch die angewandten Mittel, wie dem Kanban-Board dazu beiträgt, die Übersicht über das Projekt zu behalten und des Weiteren ermöglicht, durch die sich verändernde und flexibel änderbare Kartenmethodik die Dynamik darzustellen. Sie verknüpft die einzelnen Teilaufgaben grafisch miteinander und zeigt auf einen Blick die Funktionsweise des Systems. Dieser geschaffte Überblick fördert zudem den stetigen Verbesserungsprozess im Projekt, da zu verbessernde Aspekte schnell ins Auge fallen und man den Überblick über sämtliche Teilprozesse behält.[57] Dieser Grad an Transparenz ist für alle Stakeholder von Vorteil und bezieht sie mit in das Projektgeschehen ein.[58]

Auf der anderen Seite verhindert diese agile Vorgehensweise die Möglichkeit, Projekte im Vorfeld genau zu planen und ihren Fortschritt im Blick auf das Gesamte zu messen, da Anforderungen und die einzelnen Phasen sich ständig ändern. Außerdem müssen Mitarbeiter offen für diese Herangehensweise sein und ein hohes Maß an Kompetenz, Verantwortungsübernahme sowie Motivation gegenüber dem Projekt besitzen.[59]

---

[57] Vgl. Leopold, K. (2016), Seite 37.
[58] Vgl. Pröpper, N. (2012), Seite 58.
[59] Vgl. Ahlemann, F., Eckl, C. (2013), Seite 4.

## 5. Fazit und Ausblick

Allgemein gesehen passen sich Methoden des agilen Projektmanagements wie Kanban flexibel an wechselhafte und komplexe Projektumgebungen an und fördern somit den Projekterfolg.[60]

Das betrachtete Fallbeispiel sowie eine Studie aus dem Jahr 2017, welche rund 1000 Teilnehmer unterschiedlicher Branchen zur Nutzung agiler Methoden befragte, zeigt, dass über 90% eine Steigerung der Effizienz sowie Ergebnisverbesserungen durch die Verwendung bestätigen.[61] Aus ihr geht jedoch auch hervor, dass ein Großteil nicht auf rein agiles Projektmanagement setzt, sondern viele Unternehmen ein hybrides Modell verfolgen, welches die Verwendung klassischer Maßnahmen mit agiler Methoden miteinander vereint.[62] Folgendes Diagramm, das auf Ergebnissen der Studie beruht, zeigt dies.

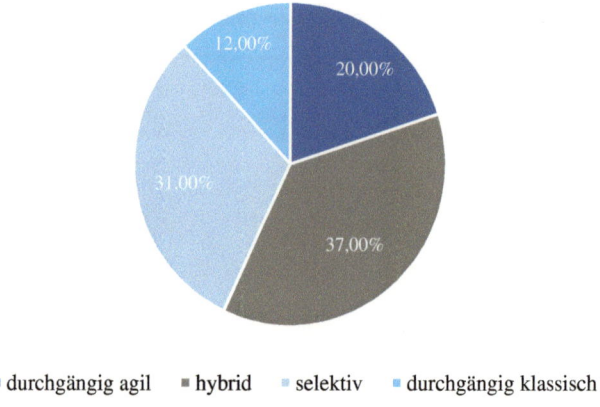

■ durchgängig agil  ■ hybrid  ■ selektiv  ■ durchgängig klassisch

Quelle: Eigene Abbildung nach: Hochschule Koblenz University of Applied Sciences (2017), Seite 11.

**Abbildung 3: Studie zu Art der Nutzung agiler Methoden**

---

[60] Vgl. Hilmer, S., Krieg, A. (2014), Seite 55f.
[61] Vgl. Hochschule Koblenz University of Applied Sciences (2017), Seite 22.
[62] Vgl. Hochschule Koblenz University of Applied Sciences (2017), Seite 11.

Unter den befragten Teilnehmern gaben rund 37% an, in ihrem Unternehmen bei der Planung von Projekten oder Entwicklungsprozessen einer hybriden Vorgehensweise zu folgen. Etwa 31% wählen das Vorgehensmodell selektiv aus, 20% verwenden ein rein agiles Modell und nur 12% setzen auf rein strategische Vorgehen.[63]

Dies zeigt, dass die klassischen Vorgehensmodelle nicht gänzlich zu vernachlässigen sind und eine Kombination mit agilen Methoden an Anklang in vielen Unternehmen erfährt. Laut der Studie nimmt diese Nutzungsweise sogar anteilsmäßig zu, auch wenn die Erfolgsquote bei Nutzung rein agiler Methoden aktuell noch höher ist.[64]

Bezogen auf die vorangestellte Fragestellung, ob das agile Projektmanagement in der Lage ist das traditionelle abzulösen, sollte folglich eine hybride Vorgehensweise in Augenschein genommen werden. Die richtige Verwendung eines hybriden Modells bietet nach West vor allem Vorteile, da durch eine richtige Kombination, Prozesse einerseits robuster aber auch agiler werden. Durch situative und problemabhängige Entscheidungen kann flexibel agiert werden und des Weiteren betriebliche und geschäftliche Belange miteinbezogen werden. In Hinsicht auf Kanban könnte dies beispielsweise eine Erweiterung durch das klassische Wasserfallmodell sein.[65]

Damit diese Kombination jedoch richtig gewählt und angewandt wird, sind aktuell noch Verfahren nötig, um fallweise die richtige Vorgehensweise für die individuellen Rahmenbedingungen zu finden. Es fehlt somit noch häufig an der richtigen Strategie bei Mischung agiler und klassischer Projektmanagementmethoden.[66]

Bezieht man diesen Ansatz auf die Kultur im gesamten Unternehmen, bildet das Ziel des modernen Projektmanagements die Verbindung beider konträren Ansätze zu einem Balanceakt zwischen Führung und Selbstorganisation. Man könnte dies auch als eine Ausrichtung auf die Standardisierung der unternehmensinternen Kultur bezeichnen, welche sich durch Flexibilität und Transparenz auszeichnen sollte. Dies wird es einem Unternehmen, welche diese Strategie erfolgreich umsetzen kann auch zukünftig ermöglichen, auf die steigenden Anforderungen und neue Marktsituationen reagieren zu können.[67]

[63] Vgl. Hochschule Koblenz University of Applied Sciences (2017), Seite 11.
[64] Vgl. Hochschule Koblenz University of Applied Sciences (2017), Seite 26.
[65] Vgl. Forrester Research, Inc. (2011), Seite 14.
[66] Vgl. Hochschule Koblenz University of Applied Sciences (2017), Seite 26.
[67] Vgl. Hilmer, S., Krieg, A. (2014), Seite 56

# Literaturverzeichnis

*Ahlemann, Frederik, Eckl, Christoph* (2013): Strategisches Projektmanagement, Berlin, Heidelberg: Gabler, 2013.

*Baumgartner, Manfred, Klonk, Martin, Pichler, Helmut, Seidl, Richard, Tanczos, Siegfried* (2017): Agile Testing, München: Carl Hanser Verlag GmbH & Co. KG, 2017.

*Bechinie, Michael, Strassl, Peter, Murtinger, Markus, Tscheligi, Manfred* (Hrsg.)(2013): Willkommen auf der Achterbahn. Erfolgsfaktoren für UX Consulting im eGovernment, 2013.

*Beck, Kent, Beedle, Mike, van Bennekum, Arie, Cockburn, Alistair, Cunningham, Ward, Fowler, Martin, Grenning, James, Highsmith, Jim, Hunt, Andrew, Jeffries, Ron, Kern, Jon, Marick, Brian, Martin, Robert C., Mellor, Steve, Schwaber, Ken, Sutherland, Jeff, Thomas, Dave* (2001): Manifesto for Agile Software Development, 2001, URL: http://agilemanifesto.org/, Abruf am 19.06.2018.

*Burrows, Mike, Hohmann, Luke* (2014): Kanban from the inside, Sequim, WA: Blue Hole Press, 2014.

*Cockburn, Alistair* (2003): Agile Software-Entwicklung, 1. Aufl., Bonn: mitp, 2003.

*Engstler, Martin* (Hrsg.)(2014): Projektmanagement und Vorgehensmodelle 2014, Bonn: GI Ges. für Informatik, 2014.

*Epping, Thomas* (2011): Kanban für die Softwareentwicklung, Berlin, Heidelberg: Springer Berlin Heidelberg, 2011.

*Hilmer, Stefan, Krieg, Alexander* (2014): Standardisierung vs. Kultur: Klassisches und agiles Projektmanagement im Vergleich, in: *Engstler, Martin* (Hrsg.), Projektmanagement und Vorgehensmodelle 2014, Bonn 2014, S. 47–57.

*Kniberg, Henrik, Skarin, Mattias* (2010): Kanban and Scrum, C4Media, 2010.

*Komus, Ayelt, Kuberg, Moritz* (2017): Status Quo Agile, URL: https://www.gpm-ipma.de/fileadmin/user_upload/GPM/Know-How/Studie_Status_Quo_Agile_2017.pdf, Abruf am 22.06.2018.

*Kuster, Jürg* (2011): Handbuch Projektmanagement, Dordrecht: Springer, 2011.

*Leopold, Klaus* (2016): Kanban in der Praxis: Vom Teamfokus zur Wertschöpfung, Carl Hanser Verlag GmbH & Co. KG, 2016.

*Leopold, Klaus, Kaltenecker, Siegfried* (2018): Kanban in der IT, 3. Aufl., Carl Hanser Verlag GmbH & Co. KG, 2018.

*Meyerbröker, Philipp, Wirdemann, Ralf, Lieder, Thomas, Roock, Arne, Marquardt, Klaus, Aubermann, Michael, Schulz, Kay* (2011): Agiles Projektmanagement, in: Projekt Magazin, 2011 , Nr. 10, S. 1–131.

*Pröpper, Nils* (2012): Agile Techniken für klassisches Projektmanagement, 1. Auflage, Heidelberg, München, Landsberg, Frechen, Hamburg: mitp, 2012.

*Ruijs, Hartger, Kaltenecker, Sigi, Riedl, Clemens* (2017): The Computest Story: The Transformation to an Agile Enterprise, 29.06.2017, URL: https://www.infoq.com/articles/computest-transformation-agile-enterprise, Abruf am 22.06.2018.

*Schulte, Gerd* (2001): Material- und Logistikmanagement, Oldenbourg Wissenschaftsverlag, 2001.

*Tolnai, Erszébet, Auth, Gunnar* (2016): Evaluation von Software-Werkzeugen für agiles Projektmanagement, in: projektManagement aktuell, 2016 , Nr. 2, S. 36–42.

*Trepper, Tobias* (2012): Agil-systemisches Softwareprojektmanagement, Wiesbaden: Springer Fachmedien Wiesbaden, 2012.

*Unbekannt* (2014): Kanban, URL: http://www.kanban-plakat.de, Abruf am 19,06,2018.

*West, Dave* (2011): Water-Scrum-Fall Is The Reality Of Agile For Most Organizations Today, 2011, URL: http://www.storycology.com/uploads/1/1/4/9/11495720/water-scrum-fall.pdf, Abruf am 23.06.2018.

*Wildemann, Horst* (2006): Produktionssteuerung mit KANBAN, 06.11.2006, URL: https://www.tcw.de/news/produktionssteuerung-mit-kanban-ein-interview-mit-professor-horst-wildemann-290, Abruf am 20.06.2018.

*Winter, Dominique, Schön, Eva-Maria, Uhlenbrok, Jan, Thomaschewski, Jörg* (2013): User Experience in Kanban. Die UX-Karte ausspielen, in: *Bechinie, Michael, Strassl, Peter, Murtinger, Markus, Tscheligi, Manfred* (Hrsg.), Willkommen auf der Achterbahn. Erfolgsfaktoren für UX Consulting im eGovernment, 2013, S.

*Wolf, Henning, Bleek, Wolf-Gideon* (2011): Agile Softwareentwicklung, 2., aktualisierte u. erw. Aufl., Heidelberg: dpunkt.Verl., 2011.